N°19².

N° 19²

BULLETIN OFFICIEL
DU MINISTÈRE DE LA GUERRE.

ÉDITION MÉTHODIQUE.

ARTILLERIE

INSTRUCTION

SUR LA GESTION, L'ENTRETIEN
ET LA VISITE DU MATÉRIEL D'OPTIQUE, D'OBSERVATION,
DE TOPOGRAPHIE ET DE PRÉPARATION DE TIR

Volume arrêté à la date du 10 février 1926.

CHARLES-LAVAUZELLE & Cie
Editeurs militaires
PARIS, Boulevard Saint-Germain, 124
LIMOGES, 62, Avenue Baudin | 53, Rue Stanislas, NANCY

INSTRUCTION

SUR LA GESTION, L'ENTRETIEN ET LA VISITE DU MATÉRIEL D'OPTIQUE, D'OBSERVATION DE TOPOGRAPHIE ET DE PRÉPARATION DE TIR

Nota. — Les documents ci-après sont abrogés par la présente instruction :

Circulaire 2447 2/3 du 10 janvier 1921 (*B. O.*, É. c., page 357).

Circulaire 47621 2/3 du 7 juin 1921 (*B. O.*, É. c., page 1957).

Circulaire 7610 2/3 du 30 janvier 1922 (non insérée au *B. O.*).

Circulaire 22781 2/3 du 27 mars 1922 (non insérée au *B. O.*).

Circulaire 45892 2/3 du 14 juin 1922 (non insérée au *B. O.*).

Circulaire 8149 2/3 du 31 janvier 1925 (*B. O.*, É. c., page 260).

N° 19²

BULLETIN OFFICIEL
DU MINISTÈRE DE LA GUERRE.

ÉDITION MÉTHODIQUE.

ARTILLERIE

INSTRUCTION
SUR LA GESTION, L'ENTRETIEN ET LA VISITE DU MATÉRIEL D'OPTIQUE, D'OBSERVATION, DE TOPOGRAPHIE ET DE PRÉPARATION DE TIR

Volume arrêté à la date du 10 février 1926.

CHARLES-LAVAUZELLE & CIE

Editeurs militaires

PARIS, Boulevard Saint-Germain, 124

LIMOGES, 62, Avenue Baudin | 53, Rue Stanislas, NANCY

BULLETIN OFFICIEL
DU MINISTÈRE DE LA GUERRE.

ÉDITION MÉTHODIQUE.

ARTILLERIE

Instruction sur la gestion, l'entretien et la visite du matériel d'optique, d'observation, de topographie et de préparation de tir.

TITRE Ier.

CHAPITRE Ier.

Article 1. — **Dotations des corps de troupe et état-majors en matériel d'optique et de topographie.**

Les quantités d'instruments et de matériel accessoire d'optique et de topographie constituant les dotations des diverses unités et des états-majors de toutes armes sont fixées par des tableaux de dotation spéciaux.

Afin de faciliter les recherches et la constitution des collections de matériel, la présente instruction donne, dans son annexe I, des répertoires alphabétiques par armes, conformes aux tableaux de dotation de ce matériel.

Le matériel optique et topographique est stocké dans les magasins des corps de troupe dans les conditions de l'article 21 de la présente instruction.

Article 2. — **Répartition du matériel d'optique et de topographie entre le service courant et la réserve de guerre.**

1° *Réserve de guerre.* — La réserve de guerre comprend le matériel nécessaire aux corps actifs et aux formations des armées ou du territoire qui leur sont rattachées administrativement.

Le matériel nécessaire pour l'instruction est prélevé sur le matériel de la réserve de guerre des corps intéressés suivant les instructions données par les généraux commandant les corps d'armée. Ces prélèvements sont réduits au strict minimum.

2° *Service courant.* — Est classé au service courant le matériel nécessaire pour l'instruction des écoles, des centres d'instruction et pour la préparation militaire.

Article 3. — **Comptabilité-matière relative au matériel d'optique et de topographie.**

Le matériel d'optique et de topographie est pris en charge et géré par les corps de troupe de toutes armes au titre du service de l'artillerie, conformément au règlement sur l'administration et la comptabilité intérieure des corps de troupe (*Bulletin officiel*, édition méthodique, volume 1) et au règlement sur la comptabilité-matière (*Bulletin officiel*, édition méthodique, volume 27).

Le matériel optique et topographique est classé dans la première des catégories définies par l'instruction du 20 mars 1906 (*Bulletin officiel*, édition méthodique, volume 1, articles 154, § V) et l'instruction du 25 février 1922, article 1er (*Bulletin officiel*, édition méthodique, volume 18^1, article 1er).

Les corps de troupe se conforment pour la tenue des écritures aux dispositions des deux documents précités et aux règles établies ci-après.

Article 4. — **Situation de matériel d'optique et de topographie à adresser au Ministre.**

Dans les vingt premiers jours du mois d'avril et du mois d'octobre, les chefs de corps adressent au Ministre, sous le timbre de la 3e Direction (2e Bureau; 1re Section), par l'intermédiaire des généraux commandant les corps d'armée, un état du matériel optique et topographique indiquant exactement, d'une part, les nécessaires (1) et, d'autre part, les existants (état modèle III).

(1) En ce qui concerne les télémètres pour unités de mitrailleuses, les nécessaires seront calculés en tenant compte des restrictions temporairement apportées aux dotations par le Ministre.

Ces restrictions sont actuellement définies par la dépêche n° 37932 2/3 du 21 mai 1924.

Les écoles militaires et services divers (autres que les établissements de l'artillerie) fournissent également aux mêmes dates un état de situation du matériel optique et topographique.

Ces états tiennent lieu de demandes de recomplètement de dotation. Il n'y a donc pas lieu d'établir des demandes de recomplètement, sauf dans les cas urgents exceptionnels.

CHAPITRE II.

Article 5. — **Mouvements des matériels d'optique et de topographie.**

Les instruments dégradés ou réformés sont envoyés au parc d'artillerie annexe de Saint-Denis, qui expédie en échange des instruments en bon état, nombre pour nombre et du même modèle.

Cet échange ne donne pas lieu à factures, mais chaque mouvement de matériel est constaté au moyen de bulletins A et B du modèle annexé à la circulaire 85950 2/3 du 12 décembre 1924 (*Bulletin officiel*, édition chronologique, page 3640).

Dans le cas où le remplacement par des instruments du même modèle ne peut être effectué, ou si la réparation envisagée demande un délai assez long, le parc d'artillerie annexe de Saint-Denis retourne les bulletins A et B à l'expéditeur et l'invite à lui facturer les instruments à réparer.

CHAPITRE III.

Article 6. — **Délivrance de matériel d'optique et de topographie.**

Les délivrances de matériel d'optique et de topographie sont effectuées par le parc d'artillerie annexe de Saint-Denis, sur l'ordre du Ministre, à la suite des états et demandes établis en exécution des prescriptions de l'article 4 de la présente instruction.

Article 7. — **Délivrance titre onéreux de jumelles et de boussoles aux officiers.**

Les dotations en instruments d'optique et de topographie permettent de munir les officiers des instruments qui leur sont nécessaires.

En conséquence, il n'est pas délivré aux officiers de jumelles ou de boussoles à titre onéreux.

Article 8. — **Interdiction de démonter les instruments d'optique dans les corps et dans les parcs.**

Sauf exception nettement spécifiée dans les instructions et règlements concernant les instruments d'optique ou certains instruments de précision, il est absolument interdit aux corps de démonter aucun de ces instruments.

Tout instrument mis hors de service par un démontage quelconque reste à la charge du corps, de l'établissement ou de l'autorité responsable.

TITRE II.

CONSERVATION DU MATÉRIEL D'OPTIQUE ET DE TOPOGRAPHIE.

CHAPITRE Ier.

Article 9. — **Marques et numéros apposés sur le matériel par les constructeurs.**

Les instruments reçoivent de leurs constructeurs les marques et les numéros de fabrication destinés à faire reconnaître leur origine et leur modèle, ainsi que l'année, soit de leur fabrication, soit de leur transformation.

Ils reçoivent des divers services réceptionnaires les poinçons destinés à faire reconnaître les contrôles auxquels ils ont été soumis.

Article 10. — **Pertes d'instruments.**

Les sommes mises à la charge des corps de troupe ou services pour pertes d'instruments sont versées au Trésor, au titre des reversements de fonds sur les dépenses des ministères, pour faire retour au budget de l'artillerie.

Avant l'établissement des états d'imputation, les corps de troupe et parties prenantes adressent au Ministre, sous le timbre de la 3e Direction (2e Bureau; 1re Section) (1), une demande des prix à attribuer aux instruments à remplacer.

Le remplacement des instruments perdus est effectué par le parc annexe d'artillerie de Saint-Denis sur l'ordre du Ministre.

---

(1) 3e Direction, 2e Bureau, 4e Section pour les télémètres d'infanterie et de cavalerie.

CHAPITRE II.

ENTRETIEN DU MATÉRIEL D'OPTIQUE ET DE TOPOGRAPHIE.

A. — Dispositions générales.

Article 11. — **Prescriptions d'entretien.**

Les diverses prescriptions d'entretien du matériel d'optique et de topographie sont contenues :

Soit dans la présente instruction et dans ses annexes;

Soit dans les règlements de manœuvre d'armes : ceux-ci étant établis conformément aux dispositions de la présente instruction.

Article 12. — **Instruction des officiers.**

La présente instruction, et en général tout ce qui concerne la conservation et l'entretien du matériel dans les corps de troupe, fait partie des connaissances exigées des officiers.

Tous les officiers doivent être susceptibles de passer la visite sommaire du matériel d'optique et de topographie de leur unité, telle qu'elle est prescrite par les règlements de leur arme. Certains officiers reçoivent une instruction spéciale sur la visite détaillée et l'entretien du matériel en magasin.

Article 13. — **Instruction des sous-officiers.**

Les sous-officiers doivent avoir des notions sommaires sur la présente instruction; ils doivent connaître la désignation réglementaire du matériel de leur arme, ils doivent connaître les précautions à prendre pour l'entretien du matériel en service et pour sa manipulation.

Certains sous-officiers spécialisés doivent savoir passer la visite sommaire du matériel d'optique et de topographie qu'ils peuvent être appelés à utiliser.

Article 14. — **Surveillance des officiers et sous-officiers.**

Les officiers et les sous-officiers portent la plus grande attention à la propreté et au bon état d'entretien du matériel en service, et aux précautions à prendre pour son transport et sa manipulation.

Article 15. — **Transport et manipulation du matériel.**

Les précautions à prendre figurent dans les règlements de manœuvre et dans le chapitre III de l'annexe III à la présente instruction (Note spéciale sur l'entretien et le stockage).

B. — Entretien du matériel d'optique et de topographie en service.

Article 16. — **Opérations d'entretien proprement dit du matériel en service.**

Les opérations d'entretien du matériel en service dans les corps de troupe de toutes armes sont indiquées dans les règlements de manœuvre de ces armes; elles sont, ainsi que les visites sommaires, exécutées par le personnel de la troupe dans les conditions qu'indiquent ces règlements.

Article 17. — **Revues de matériel. Visites sommaires.**

Les officiers des unités doivent passer la revue du matériel en service dans leurs formations au moins une fois par mois; leur revue comporte au préalable la visite sommaire du matériel, pour laquelle ils sont secondés par des sous-officiers spécialisés. Cette visite sommaire est passée conformément aux prescriptions contenues dans les règlements d'armes.

Les revues de matériel d'optique et de topographie en service dans les états-majors sont passées dans des conditions analogues, soit par un officier de l'état-major, soit par un officier de l'unité administrative à laquelle est rattaché l'état-major.

Les officiers s'attachent, dans les revues, à vérifier que les diverses prescriptions réglementaires sont suivies, notamment celles qui concernent les manipulations, le transport et l'entretien du matériel, et celles de l'article 8 de la présente instruction concernant l'interdiction de démonter les instruments.

A la suite de ces revues, les commandants d'unités administratives adressent, s'il y a lieu, au chef de corps, des bulletins de demande de réparation ou de remplacement du matériel reconnu défectueux; ces demandes sont inscrites sur un registre spécial tenu dans le corps (voir article 47) et examinées par l'officier du corps spécialisé en matériel d'optique et de topographie.

Les menues réparations aux étuis et aux boîtes, ainsi que celles des parties en bois des pieds, sont en principe exécutées dans les corps.

Article 18. — **Officiers spécialisés en matériel d'optique et de topographie** (1).

Des officiers de chaque corps de troupe reçoivent dans des cours spéciaux une instruction détaillée et pratique sur le matériel d'optique et de topographie. Un des officiers ayant reçu cette instruction est désigné par le chef de corps pour remplir auprès de lui, pendant un an au moins, les fonctions d'officier spécialisé en matériel d'optique et de topographie. Cet officier spécialisé est chargé en particulier :

De l'examen détaillé du matériel en service et en magasin appartenant soit au corps, soit aux unités mobilisées par le corps;

De l'envoi du matériel détérioré, en réparation ou pour échange (voir article 25).

Article 19. — **Visites détaillées. Visites semestrielles par l'officier spécialisé.**

Le matériel ayant été mis en service au cours du semestre précédent subit deux fois par an la visite détaillée conformément à des notices spéciales sur cette visite.

Ces visites détaillées ont lieu par unité, soit d'active, soit de réserve, à des dates fixées par le chef de corps; elles sont passées par l'officier spécialisé.

Au cours de ces visites, les réparations reconnues nécessaires par l'officier spécialisé, et non inscrites auparavant sur le registre de demandes de réparations du corps, sont portées sur ce registre.

Le chef de corps peut prescrire éventuellement des visites détaillées par catégorie de matériel, soit en service, soit en magasin lorsqu'il en reconnaît la nécessité. Ces visites sont également passées par l'officier spécialisé.

---

(1) Cet officier peut être, dans un régiment d'artillerie, un officier orienteur; dans l'infanterie ou la cavalerie, un officier observateur ou chargé des transmissions.

Article 20. — **Examen des détériorations.**

Toute réparation reconnue urgente (1) par l'officier spécialisé, soit à la suite d'un bulletin de demande de réparation, soit à la suite de sa visite détaillée, entraîne obligatoirement l'envoi du matériel en réparation dans les conditions prévues à l'article 25. Cette décision est prise par le chef de corps sur l'avis de l'officier spécialisé, avis faisant ressortir les conditions dans lesquelles la détérioration est survenue.

C. — Entretien du matériel d'optique et de topographie en magasin.

Article 21. — **Dispositions générales concernant l'entretien en magasin.**

Le matériel d'optique et de topographie, constituant la réserve de guerre, ainsi que divers stocks, est conservé dans les magasins des corps de troupe et dans ceux du parc annexe de Saint-Denis, qui constitue l'entrepôt de réserve générale dudit matériel.

Le matériel en magasin est entretenu par un personnel spécialisé; il est surveillé dans les magasins du corps par l'officier spécialisé.

Dans le cas où un corps de troupe n'aurait pas les locaux nécessaires pour stocker le matériel optique et topographique, le général commandant l'artillerie peut autoriser exceptionnellement le stockage de ce matériel dans les magasins du parc d'artillerie qui joue vis-à-vis du corps le rôle de gérant d'annexe.

Article 22. — **Dispositions de détail de l'entretien en magasin.**

L'entretien en magasin repose sur l'exécution des prescriptions de la note spéciale sur l'entretien et le stockage du matériel figurant dans l'annexe III de la présente instruction.

Tous les instruments sont examinés au moins deux fois par an par le personnel chargé de l'entretien; à cette occasion, ils sont nettoyés ainsi que leurs étuis et accessoires.

---

(1) Nota. — Pour les instruments dont le démontage n'est pas autorisé, un nettoyage intérieur doit être considéré comme une réparation dont l'urgence est à déterminer.

Tout instrument d'optique dont les verres portent intérieurement soit de la buée, soit de la poussière, soit des moisissures doit être signalé à l'officier spécialisé à la suite de cet examen.

Les prescriptions de l'article 8 de la présente instruction, relatives à l'interdiction de démonter les instruments, doivent être strictement observées (1).

Article 23. — **Visite par l'officier spécialisé du matériel d'optique et de topographie en magasin.**

Afin de s'assurer que l'examen précédent du matériel a bien été fait par le personnel désigné, et dès que cet examen vient d'être effectué, l'officier spécialisé du corps visite lui-même environ un dixième des instruments de chaque sorte.

Cet officier rend compte de cette visite au chef de corps, lequel, si le nettoyage a été mal fait, ou si l'examen a été insuffisant, le fait immédiatement recommencer.

Article 24. — **Documents ministériels concernant les instruments d'optique et de topographie.**

Une liste de ces documents en vigueur à la date d'approbation de la présente instruction figure dans son annexe II.

Cette liste est tenue à jour par chaque corps et annexée au registre de demandes de réparations.

Article 25. — **Envois pour échanges dans un établissement spécial.**

Lorsque la réparation d'un instrument, ou d'une partie d'instrument a été décidée, le corps fait envoyer pour échange, au parc d'artillerie annexe de Saint-Denis (article 5 précédent), toutes les parties de l'instrument en question contenues dans le même étui, ou dans la même boîte que les pièces à réparer (2). Cette mesure est rigoureusement indispensable parce qu'en général (3), les divers éléments d'un même type d'instrument ne sont pas interchangeables (4).

---

(1) Par conséquent, sauf exception, un nettoyage intérieur demande l'envoi de l'instrument en réparation.

(2) En ce qui concerne les télémètres, voir l'annexe IV.

(3) NOTA. — Il existe, toutefois, des ajustages interchangeables, ce sont ceux des douilles des divers goniomètres dans les tiges de leurs pieds et ceux des douilles des dispositifs de pointage des longues-vues (monoculaires et binoculaires) dans les tiges de leurs goniomètres.

(4) Par exemple. — Si l'objectif d'une longue-vue monoculaire est à

Les envois pour échange sont accompagnés d'un rapport faisant ressortir les conditions dans lesquelles la dégradation a eu lieu et, notamment, si, contrairement aux prescriptions de l'article 8 de la présente instruction, l'instrument a été démonté.

Article 26. — **Réparations en établissements. Imputation.**

Les instruments qui sont envoyés en échange au parc d'artillerie annexe de Saint-Denis sont examinés à leur arrivée dans cet établissement par un officier que désigne le Ministre pour déterminer les imputations à mettre à la charge des détenteurs (corps de troupe, écoles, etc.). Cet officier est, en principe, un des officiers inspecteurs à titre permanent du matériel d'optique et de topographie (article 27).

Les imputations sont ensuite décomptées au prix de revient de cette réparation.

Elles donnent lieu à l'établissement, pour les corps de troupe, et autres parties prenantes, d'un état d'imputation modèle 14 (article 48, paragraphe XX, de l'instruction du 30 décembre 1902; *Bulletin officiel*, édition méthodique, volume 27), accompagné d'un ordre de reversement au Trésor du montant de la valeur des imputations.

Les sommes mises à la charge des corps de troupe et autres parties prenantes sont versées au Trésor au titre des reversements de fonds sur les dépenses des ministères pour faire retour au budget de l'artillerie.

Les mêmes règles sont suivies pour l'imputation du remplacement d'un instrument ne pouvant pas être réparé (article 39).

---

remplacer, il convient d'envoyer pour échange l'étui complet contenant la longue-vue, le dispositif de pointage en hauteur et son collier. Par contre, il est inutile d'envoyer l'étui qui contient le trépied et le goniomètre s'il n'y a aucune réparation à exécuter à ces derniers.

TITRE III.

INSPECTION DU MATÉRIEL D'OPTIQUE ET DE TOPOGRAPHIE.

CHAPITRE Ier.

PRESCRIPTIONS GÉNÉRALES.

Article 27. — **Officiers inspecteurs du matériel d'optique et de topographie.**

Le Ministre désigne, comme inspecteurs du matériel d'optique et de topographie, des officiers de toutes armes possédant les connaissances générales nécessaires et auxquels une instruction spéciale sera donnée. Ces officiers sont, en principe, au moins du grade de capitaine; ils sont chargés de la visite du matériel figurant sur les tableaux de dotation dudit matériel (1).

Ces officiers, dont la fonction est permanente, exécutent leur mission suivant des ordres annuels du Ministre, dans les corps de troupe de toutes armes, et dans les places.

Ces officiers peuvent être chargés de diverses missions de contrôle du matériel, en réparation ou stocké, à l'entrepôt général du matériel d'optique et de topographie (parc annexe de Saint-Denis).

Article 28. — **Objets des visites des officiers inspecteurs.**

Les visites des officiers inspecteurs ont pour objet :

1° De constater l'état général du matériel d'optique et de topographie;

2° De reconnaître les instruments défectueux ou détériorés, et de faire prendre les mesures nécessaires pour remédier aux inconvénients reconnus;

3° De rechercher sur place les causes des détériorations survenues au matériel;

4° D'assurer l'exécution des instructions et des décisions ministérielles en ce qui concerne la conservation, l'entretien et la visite détaillée du matériel.

---

(1) Voir aussi à l'annexe II de la présente instruction les listes, par arme, de ce matériel.

Article 29. — **Note spéciale sur la visite du matériel d'optique et de topographie.**

Les officiers inspecteurs dudit matériel reçoivent chaque année, en principe, avant le 15 janvier, des instructions établies par le Ministre et comportant une note spéciale sur la visite du matériel d'optique et de topographie.

La note spéciale en question contient les prescriptions relatives aux points que ces officiers doivent plus particulièrement examiner au cours des visites qu'ils vont entreprendre et communique divers renseignements sur les résultats fournis par les visites des années précédentes.

Article 30. — **Note consécutive à la visite du matériel d'optique et de topographie.**

Une note consécutive aux visites dudit matériel par les officiers inspecteurs est adressée chaque année, en principe, avant le 15 janvier, aux corps de troupe. Cette note a pour objet de faire connaître les principales observations faites par les officiers inspecteurs et de prescrire les mesures dont l'utilité aura été mise en évidence au cours des visites des années précédentes.

Article 31. — **Tournées des officiers inspecteurs.**

Les tournées des officiers inspecteurs sont fixées chaque année par une dépêche ministérielle les concernant. Elles sont annoncées aux corps de troupe de telle sorte que les visites de ces officiers aient lieu dans des conditions normales, et permettent notamment l'inspection des magasins (article 42).

Article 32. — **Visites inopinées.**

Le Ministre peut prescrire des visites inopinées des officiers inspecteurs, dans les corps ou établissements qu'il désigne.

CHAPITRE II.

DÉTAILS DES OPÉRATIONS RELATIVES A LA VISITE DU MATÉRIEL D'OPTIQUE ET DE TOPOGRAPHIE PAR LES OFFICIERS INSPECTEURS.

A. — Dispositions communes.

Article 33. — **Personnel présent à la visite. Secrétaire.**

Dans les corps de troupe, le commandant de l'unité et l'officier spécialisé du corps sont présents à la visite de l'officier inspecteur.

Un secrétaire est mis par le corps à la disposition de l'officier inspecteur pour sa visite.

Article 34. — **Locaux où sont visités les instruments.**

La visite des instruments a lieu dans un local de la caserne ou de l'établissement, spécialement affecté à cet usage pendant tout le temps que dure la visite de l'inspecteur; ce local doit être largement éclairé par la lumière du jour et pourvu de tables robustes destinées à recevoir les instruments.

Ce local devra être situé à proximité d'un emplacement extérieur où des vérifications optiques pourront avoir lieu sur des objets bien visibles éloignés d'au moins cent mètres et, si possible, d'un millier de mètres ou davantage.

B. — Détails des opérations relatives a la visite du matériel en service dans les corps de troupe.

Article 35. — **Visite du matériel en service dans les unités et les états-majors.**

L'officier inspecteur n'est pas tenu de visiter en détail tous les instruments en service; il suffit qu'il puisse rendre un compte exact de l'état général du matériel par l'examen attentif d'une certaine proportion de ce matériel. A son arrivée au corps, il désigne, après entente avec le chef de corps, les unités dont il doit visiter les instruments.

L'officier inspecteur est tenu, cependant, de visiter avec soin, et en détail, tous les instruments sans exception qui lui sont présentés par les commandants d'unités, soit comme étant [illegible] a-brication défectueuse, soit comme ayant subi un acci[illegible]

L'officier inspecteur peut procéder, s'il le juge nécessaire, à des vérifications expérimentales sur certains instruments, afin de déterminer l'importance de certaines de leurs détériorations et de leurs déréglages; il s'abstient toutefois au cours de ces vérifications de procéder à des opérations ou à des démontages interdits par les règlements et instructions en vigueur.

Les instruments ayant subi un accident font l'objet d'une mention spéciale sur les procès-verbaux de visite modèle I (article 44).

Article 36. — **Instruments vérificateurs.**

L'officier inspecteur de matériel d'optique et de topographie doit utiliser, le cas échéant, les instruments de contrôle et les vérificateurs qui lui sont délivrés, notamment afin de déterminer le degré d'usure ou de déréglage de certains instruments en service.

Les collections de vérificateurs spéciaux des officiers inspecteurs de matériel d'optique et de topographie leur sont délivrées par la Section technique de l'artillerie.

(Des chiffons propres et du savon sont mis à la disposition des officiers inspecteurs par les corps au moment de leur visite.)

Article 37. — **Registre communiqué à l'officier inspecteur.**

Le registre des demandes de réparation dont la tenue est prévue à l'article 47 est communiqué à l'officier inspecteur dès son arrivée au corps.

L'inspecteur examine les inscriptions qui ont été faites sur ce registre conformément aux prescriptions de la présente instruction, et, conformément aux prescriptions de l'article 35, se fait montrer ceux des instruments, signalés sur le registre, qui n'auraient pas été envoyés en réparation.

Après la transcription de son procès-verbal de visite (modèle I), sur ce registre, il vise ladite transcription sans y inscrire aucune autre observation.

Article 38. — **Réparations et remplacements proposés par l'officier inspecteur.**

Au fur et à mesure de sa visite, l'officier inspecteur fait noter le matériel dont il estime la réparation nécessaire, et qui sera échangé dans les conditions prévues aux articles 5 et 25.

Il propose lui-même au chef de corps l'envoi en réparation de ce matériel sur un état spécial (modèle II) établi en double expédition; et il indique sur cet état dans quelles conditions l'imputation de la réparation pourra être faite, soit au compte de l'Etat, soit à celui du corps.

Une expédition de l'état modèle II est remise au chef de corps pour être transcrite au registre de demandes de réparations; l'autre est envoyée au Ministre (Direction de l'Artillerie; 2e Bureau; 1re Section), par la voie hiérarchique.

Article 39. — **Instruments ne pouvant pas être réparés.**

Si l'importance des dégradations subies par un instrument empêche sa réparation, l'officier inspecteur fait inscrire cet instrument sur l'état modèle II précité, avec la mention : « *A réformer* »; il indique comme ci-dessus ses propositions pour l'imputation du remplacement de l'instrument.

L'officier inspecteur est seul juge des défauts de fabrication qui font mettre à la charge de l'Etat le remplacement d'un instrument.

Article 40. — **Visite du matériel accessoire.**

Le matériel accessoire (étuis, boîtes, pieds, supports) est examiné, en principe, dans la même séance que les instruments auxquels il est afférent; toutefois, les accessoires tels que les planchettes de tir, les jalons, etc..., sont examinés à part.

C. — Détails des opérations de visite par l'officier inspecteur du matériel en magasin.

Article 41. — **Dispositions générales.**

Le matériel déposé dans les magasins des corps de troupe donne lieu à une inspection organisée en même temps que celle du matériel en service.

Le chef de corps fait présenter à l'officier inspecteur, par l'officier spécialisé, les listes ou contrôles de matériel dont le corps a l'entretien.

L'officier inspecteur visite tout d'abord l'emmagasinement de ce matériel, avant de procéder à des examens de détail sur les instruments ou le matériel accessoire. Il désigne ensuite le matériel dont il désire examiner l'entretien.

Article 42. — **Visite de l'emmagasinement du matériel.**

L'officier inspecteur s'assure que les magasins contenant le matériel sont organisés conformément aux prescriptions du chapitre II de la note spéciale sur le stockage et l'entretien (annexe III de la présente instruction). Si les magasins ne présentent pas les conditions requises, l'officier inspecteur consigne ses observations sur son procès-verbal de visite (1); il doit, toutefois, s'informer si des mesures ne sont pas en cours d'exécution en vue de faire cesser l'état de chose fâcheux qu'il a remarqué.

Article 43. — **Examen de l'entretien du matériel en magasin.**

Les prescriptions des articles 35, 36, 38 et 40 de la présente instruction sont applicables, en principe, à la visite que l'officier inspecteur doit passer du matériel en magasin.

L'officier inspecteur s'assure de l'exécution des prescriptions figurant au chapitre IV de la Note spéciale sur le stockage et l'entretien (annexe III).

D. — Procès-verbal de visite du matériel.

Article 44.

Lorsque l'officier inspecteur s'est rendu compte de l'état des instruments d'optique et de topographie d'un corps, il rédige son procès-verbal de visite, conformément au modèle I.

Il inscrit sur son procès-verbal ses observations sur la conservation et l'entretien du matériel en service (§ A) et du matériel en magasin (§ B); il y inscrit, le cas échéant, les résultats des vérifications auxquelles il a soumis certains instruments ainsi que les renseignements qui peuvent être de quelque utilité pour la visite suivante.

Il donne son avis sur l'instruction du personnel spécialisé en ce qui concerne l'entretien et les visites détaillées du matériel d'optique et de topographie (§ C) qui lui incombe (articles 18 à 23).

Il constate sur place, grâce à l'examen des demandes de réparations du corps ou de l'établissement, l'exécution des remplacements, et il constate également les délais nécessités par ces opérations (§ D).

---

(1) Procès-verbal modèle I (paragraphe B, *c*).

CHAPITRE III.

TRAVAIL D'INSPECTION DU MATÉRIEL D'OPTIQUE ET DE TOPOGRAPHIE.

Article 45. — **Pièces laissées au chef de corps pour être transmises au Ministre.**

L'officier inspecteur remet au chef de corps, qui les fait parvenir au Ministre (3e Direction; 2e Bureau; 1re Section), par la voie hiérarchique, le procès-verbal modèle I (article 44) et, le cas échéant, un état modèle II du matériel dont il propose l'envoi en réparation (articles 38 et 39).

Article 46. — **Fournitures d'imprimés.**

Les imprimés sont fournis à l'officier inspecteur par le corps dont il visite le matériel.

Article 47. — **Registres d'inscription de demandes et de procès-verbaux.**

Le corps possède un registre spécial sur lequel sont inscrites (articles 17 et 19) les demandes de réparation et de remplacement du matériel d'optique et de topographie, ainsi que la suite que lui donne le chef de corps.

Conformément aux prescriptions de l'article 24, une liste des documents en vigueur concernant la gestion dudit matériel est annexée à ce registre.

Ce registre reçoit, le cas échéant, la transcription du procès-verbal modèle I de la visite de l'officier inspecteur (article 44) et celle de l'état modèle II du matériel dont cet officier demande éventuellement la réparation.

Article 48. — **Rapports d'ensemble sur les visites du matériel d'optique et de topographie.**

A la fin de sa tournée annuelle, l'officier inspecteur établit par corps d'armée visité, et pour l'ensemble des établissements tels que le parc annexe de Saint-Denis qui ne dépendent pas d'un commandement de corps d'armée, un rapport d'ensemble sur lequel il mentionne :

1° Les observations générales relatives à l'état d'entretien du matériel d'optique et de topographie en service et en magasin (1);

2° Les réponses aux questions posées par la Note spéciale sur la visite des instruments;

3° Toutes les observations, relevées au cours des visites, qui présentent un caractère général intéressant ledit matériel.

Il n'est pas fait mention dans ce rapport des observations qui intéressent seulement le matériel de certains corps de troupe; celles-ci doivent être mentionnées dans les procès-verbaux (modèle I) relatifs à la visite du matériel de ces corps.

Le rapport d'ensemble d'un officier inspecteur, concernant le matériel d'optique et de topographie d'un corps d'armée, doit être revêtu de l'avis du général commandant ledit corps d'armée; à cet effet, il est adressé par l'officier inspecteur à cet officier général, qui le transmet au Ministre de la guerre (3e Direction; 2e Bureau; 1re Section), pour une date fixée chaque année par le Ministre.

Le rapport d'ensemble concernant le parc annexe de Saint-Denis est envoyé directement au Ministre par l'officier inspecteur qui a été chargé de visiter cet établissement.

Paris, le 10 février 1926.

Le Sous-Secrétaire d'Etat au ministère de la guerre,

Jean OSSOLA.

---

(1) Ces observations sont notées sous des rubriques semblables à celles, paragraphes A, B, C, D, des procès-verbaux modèle I afin de faciliter l'étude ultérieure des rapports en question.

ANNEXE I

à l'instruction sur la gestion, l'entretien et la visite du matériel d'optique, d'observation, de topographie et de préparation de tir.

RÉPERTOIRE DU MATÉRIEL PAR ORDRE ALPHABÉTIQUE (PAR ARME) (1).

NOTA. — Les désignations contenues dans les présentes listes sont conformes à celles des tableaux de dotation en vigueur à la date d'approbation de la présente instruction.

Les instruments qu'elles désignent comportent obligatoirement tous les accessoires (boîtes et étuis) prévus par les fascicules 3 et 10 de la nomenclature N de l'artillerie.

I. — MATÉRIEL D'OPTIQUE ET DE TOPOGRAPHIE DE L'AÉRONAUTIQUE MILITAIRE.

Alidade nivelatrice.
Appareil de projection et de reproduction.
Boussole Peigné.
Chambre claire.
Déclinatoire grand modèle.
Double décamètre avec jeu de fiches.
Double décimètre, triple décimètre.
Equerre à dessin de 60° (0,60 × 0,30), 45° (0,30 × 0,30).
Equerre graduée en zinc au 1/10.000es, au 1/20.000es, au 1/50.000es.
Jalon de repérage.
Jalon mire pliant de 2 mètres.
Jumelles à prismes 8x, 12x, sans micromètre;
Jumelles à prismes 8 × 12, avec micromètre;
— — 8x, 12x, 16x, avec verres colorés;
— — 8x, 12x, avec verres colorés et visière;
— — 8x, 12x, 16x, avec verres colorés et micromètre.
Jumelle pour observation de nuit.
Longue-vue binoculaire à prismes sur pied goniométrique.

(1) La liste du matériel d'optique et de topographie de l'arme du génie paraîtra ultérieurement.

Rapporteur celluloïd de $0^m,22$; $0^m,33$.
— en zinc de $0^m,33$.
— de parallaxe en étui.
Règle à éclimètre, type artillerie.
Règle plate en poirier.
— graduée en bois.
— graduée en zinc.
Sitogoniomètre.
Stéréoscope à miroirs.
Télémètre d'artillerie avec pied.
Théodolite réitérateur à 2 verniers avec pied.
Thermomètre.
Viseur binoculaire R. L. 3x à micromètre, éclairé pour observation de nuit, complet avec dispositif d'éclairage.
Viseurs à micromètres tournant (jeu de deux) avec pied et dispositif d'éclairage.

III. — Matériel d'optique et de topographie de la cavalerie.

Alidade nivelatrice.
Boussole directrice lumineuse avec rapporteur.
Boussole Peigné.
Cercle de visée avec alidade, support de jumelle et pied.
Déclinatoire petit modèle.
Double décamètre avec jeu de fiches.
Double décimètre.
Equerre graduée en zinc (échelle 1/20.000es).
Jumelles à prismes 8x sans micromètre.
— — 8x avec micromètre.
— — télémètre.
Jumelles de Galilée.
Longue-vue binoculaire à prismes sur pied goniométrique.
Loupe achromatique.
Montre chronographe.
Périscope binoculaire à manche.
Planchette topographique moyenne avec pied (40 × 40).
Plaquette stéréoscopique.
Rapporteur en celluloïd de 0m,22.
Règle plate graduée en zinc de 0m,40.
Sitogoniomètre.
Télémètre de cavalerie avec pied.

IV — Matériel d'optique et de topographie du génie

(Pour mémoire.)
(Non encore publié.)

V. — MATÉRIEL D'OPTIQUE ET DE TOPOGRAPHIE DE L'INFANTERIE.

Alidade nivelatrice.
Baromètre altimétrique.
Boussole directrice lumineuse avec rapporteur.
Boussole Peigné.
Cercle de visée avec alidade, support de jumelle et pied.
Déclinatoire petit modèle.
Double décamètre avec jeu de fiches.
Double décimètre.
Equerre graduée en zin (échelle 1/20.000^{e}).
Jumelles à prismes 8x sans micromètre.
— — 8x, 12 avec micromètre.
— — avec télémètre.
Jumelles de Galilée.
Longue-vue binoculaire à prismes sur pied goniométrique
— — type E. M.
Loupe achromatique.
Montre chronographe.
Périscope de tranchée à miroirs simples.
— — à lentilles.
Planchette topographique moyenne avec pied (40 × 40).
Plaquette stéréoscopique.
Rapporteur en celluloïd de 0^{m},22.
Règle plate graduée en zinc de 0^{m},40.
Sitogoniomètre.
Stéréoscope à miroirs.
Télémètre d'infanterie avec pied.

VI. — Matériel d'optique et de topographie des États-Majors.

Alidade nivelatrice.
Boussole directrice lumineuse avec rapporteur.
Boussole Peigné.
Cercle de visée avec alidade support de jumelle et pied.
Déclinatoire petit modèle.
Déclinatoire grand modèle.
Double décimètre.
Double décamètre avec jeu de fiches.
Equerre graduée en zinc au 10.000e et au 20.000e.
Equerre (45° et 60°).
Fil à plomb.
Goniomètre boussole avec pied et dispositif d'éclairage.
Jalon mire pliant de 2 mètres.
Jumelles à prismes 8 × 12 sans micromètre.
Jumelles à prismes 8 × 12 avec micromètre.
Jumelle de Galilée.
Longue-vue binoculaire à prismes sur pied goniométrique.
Longue-vue binoculaire à prismes, type état-major, sur pied goniométrique.
Longue-vue monoculaire à prismes à trois grossissements sur pied goniométrique.
Loupe achromatique.
Montre chronographe.
Montre.
Plaquette stéréoscopique à écartement variable.
Planchette topographique (moyenne) avec pied 40 × 50.
Planchette topographique (grande) avec pied 50 × 60.
Planchette de tir (100 × 120).
Périscope de tranchée à lentilles.
Périscope goniométrique avec goniomètre à pied.
Rapporteur celluloïd de 0m,33.
Rapporteur celluloïd de 0m,22 en grades, degrés et millièmes.
Rapporteur zinc de 0m,33.
Rapporteur de parallaxe en étui.
Règle plate graduée en zinc.
Règle plate graduée en bois.
Règle plate en poirier.
Règle à éclimètre, type artillerie.
Sitogoniomètre.
Stéréoscope à miroir, nouveau modèle.
Théodolite réitérateur à deux verniers avec pied.

ANNEXE II.

DOCUMENTATION.

1° Liste des documents et circulaires en vigueur.

Circulaire n° 5053 1/11 du 16 avril 1920 relative à l'étude, à la fabrication, à la gestion du matériel d'optique et de topographie.

Règlement de manœuvre de l'artillerie, titre VIII. Matériel de topographie approuvé le 1er novembre 1922.

Circulaire 83950 2/3 du 12 décembre 1924 (*Bulletin officiel*, édition chronologique, page 3640), sur la comptabilité du matériel d'artillerie envoyé en réparation.

Instruction sur l'armement et le matériel de tir (infanterie, cavalerie, artillerie) approuvée le 10 novembre 1924 (10e partie. Instruments d'optique).

2° Bulletins officiels à consulter.

Volumes 1 et 1 *bis*. Administration et comptabilité des corps de troupe.

Volume 17. Ecritures et mouvements intérieurs dans les établissements et magasins.

Volume 20. Documents relatifs aux établissements de l'arme (artillerie).

Volume 27. Règlement sur la comptabilité-matières.

ANNEXE III

à l'instruction générale sur le matériel d'optique et de topographie. (Art. 22.)

NOTE SPÉCIALE

sur le stockage et l'entretien du matériel d'optique et de topographie en magasin.

Les instruments d'optique et de topographie constituent un matériel fragile et délicat, difficile à fabriquer, représentant une grande valeur sous un faible volume et nécessitant, par suite, des précautions particulières pour sa conservation.

CHAPITRE PREMIER.

CONSIDÉRATIONS PRÉLIMINAIRES. — DÉGRADATIONS LES PLUS FRÉQUEMMENT OBSERVÉES ET LEURS CAUSES.

Les dégradations les plus fréquentes et qui entraînent soit une diminution des qualités du matériel, soit même une mise hors service, sont les suivantes :

a) Détériorations de parties constituantes des instruments par suite de chocs, de chutes et surtout de transport dans des conditions défectueuses (instruments transportés sans leurs étuis ou placés dans leurs étuis de façon irrégulière, sans être calés, ou étuis subissant des pressions anormales).

Exemple : niveaux fêlés ou brisés, axes faussés, tambours divisés matés, bonnettes brisées, objectifs, oculaires et prismes intérieurs brisés ou présentant des éclats, etc...

b) Déréglage des systèmes optiques ou mécaniques, également par suite de chocs ou de trépidations anormales imposées au matériel.

Les plus fréquents sont :

Dans les instruments binoculaires : le déréglage du parallélisme des axes optiques de chaque corps, par déplacement des prismes intérieurs ou par déformations diverses. Ce défaut rend difficile, sinon impossible, la fusion stéréoscopique des images données par chaque corps;

Dans les instruments destinés aux mesures d'angle de site : le déréglage du zéro;

Dans les instruments comportant une aiguille aimantée : le déréglage de la division de déclinaison;

Dans les instruments comportant un réticule ou un micromètre : le déréglage de la position relative de l'objectif et du micromètre, ce qui donne des défauts de parallaxe, dans les pointes.

c) Rayures plus ou moins profondes sur les faces extérieures des verres (objectifs, oculaires).

Elles se produisent en essuyant brutalement ces verres avec des chiffons malpropres ou en écrasant, pendant le nettoyage, les graviers et poussières qui recouvraient ces surfaces.

Les plus graves sont celles qui se produisent sur les oculaires, car elles peuvent gêner considérablement la vision.

d) Dépôt de poussières ou de matières inertes sur les surfaces intérieures des verres :

Il est produit :

Soit par des débris de vernis intérieur ou de parcelles métalliques qui se détachent sous l'action du temps et des vibrations;

Soit par des poussières extérieures qui pénètrent dans un instrument insuffisamment étanche.

Ces poussières diminuent la luminosité des instruments et sont particulièrement gênantes lorsqu'elles s'attachent aux micromètres.

e) Dépôt d'une légère buée sur les surfaces intérieures des verres.

Il est constitué par des gouttelettes d'eau microscopiques et est produit :

Soit par des distillations et condensations successives des petites quantités d'humidité enfermées dans l'instrument lors de son montage (1), distillations et condensations activées par les variations de température auxquelles les instruments sont soumis;

---

(1) Contenues dans l'air qu'on y a enfermé, dans les vernis, les graisses et cires des joints et surtout dans les empreintes digitales sur les pièces métalliques ou les joues des prismes.

Soit par l'introduction d'humidité extérieure dans des instruments insuffisamment étanches.

f) Développement de moisissures sur les surfaces intérieures des verres.

Elles sont formées par des amas de bactéries ou d'algues microscopiques qui se développent sur certains verres en *milieu humide* et s'incrustent dans le verre en s'en nourrissant lorsqu'elles attaquent les micromètres; elles apparaissent nettes dans le champ apparent sous forme de craquelures, de toiles d'araignée ou de petites touffes cotonneuses; lorsqu'elles attaquent d'autres surfaces, elles se reconnaissent en examinant l'instrument du côté de l'objectif, qui fonctionne alors comme loupe.

Elles s'étendent rapidement et nécessitent souvent un repolissage des surfaces attaquées. Il semble que l'obscurité soit favorable à leur développement.

g) Décollage du baume du Canada utilisé pour coller certaines surfaces des verres, en particulier les objectifs.

Il se manifeste, en général, par l'apparition dans les surfaces collées de petites étoiles irrégulières ou encore de séries d'anneaux irisés.

Il résulte :

Soit d'une mauvaise fabrication;

Soit de la réaction lente des verres tendant à reprendre un équilibre différent de celui qu'ils avaient lorsqu'ils étaient collés.

Ce défaut peut ne pas altérer sensiblement les images.

h) Attaque des surfaces extérieures des verres ou des parties métalliques des intruments par l'humidité ou par des agents chimiques.

Les parties métalliques sont en général en métaux inoxydables ou protégées par un vernis, certaines d'entre elles doivent être néanmoins défendues contre l'oxydation (1).

Certains verres spéciaux (2) sont attaqués par l'humidité, avec formation d'une très mince pellicule qui apparaît irisée par réflexion et n'est pas très visible par transparence. Ce défaut n'est pas très grave.

Les émanations sulfureuses noircissent les cercles d'argent des théodolites.

---

(1) Par exemple, les tiges en acier des goniomètres et des trépieds.

(2) En particulier, ceux de certains objectifs photographiques.

Les acides contenus dans le cuir de certains étuis peuvent entraîner des altérations plus importantes, en particulier lorsque ces étuis sont humides.

En *milieu humide*, le zinc et l'aluminium se recouvrent d'une couche d'oxyde plus ou moins adhérente (1).

En résumé, les dégradations qui viennent d'être énumérées sont produites :

Par des chocs ou des trépidations exagérées dans les transports et les manipulations;

Par un séjour prolongé dans une atmosphère humide;

Par des élévations de température et surtout par des variations brusques de température.

Elles sont aggravées lorsque les instruments présentent une étanchéité insuffisante lors de leur construction.

Cette dernière qualité est recherchée lors de la fabrication par le soin apporté au montage, et elle ne peut être obtenue que dans les ateliers spécialisés, avec un personnel également spécialisé : montage dans les salles sèches et sans poussières, introduction dans tous les joints de mastics spéciaux, emploi de graisse de qualité particulière dans le montage des oculaires, etc.

Mais, à l'usage, et aussi sous l'action d'une forte élévation de température (2), cette étanchéité reste rarement assurée d'une façon parfaite.

D'où les prescriptions suivantes relatives au stockage du matériel, à son transport et à son entretien.

CHAPITRE II.

PRESCRIPTIONS A OBSERVER POUR LA CONSERVATION ET LE STOCKAGE DU MATÉRIEL.

a) Matériel stocké dans les parcs, au titre de la réserve de guerre.

Le matériel est conservé à part sans être chargé sur les voitures normalement destinées à son transport.

---

(1) Les rapporteurs, règles et équerres en zinc peuvent être détériorés de cette manière. On relève aussi des détériorations graves de jumelles non étanches dont les parois intérieures en aluminium sont attaquées, d'où production d'une abondante poussière qui se dépose sur les verres.

(2) Insolation exagérée par exemple.

On recherche, pour stocker ce matériel, des locaux particulièrement *secs*, *aérés* et non poussiéreux, où la température ne subit pas de trop grandes variations entre le jour et la nuit, et on évite de maintenir le matériel dans l'obscurité (1). Les locaux sont en principe fermés à clef pour éviter les vols, sinon les instruments sont contenus dans des armoires ou caisses à claire-voie fermant à clef.

Les instruments sont stockés *dans leurs étuis*, sur des étagères, ou dans les armoires à claire-voie, en évitant de disperser les parties constitutives d'un même instrument (trépied, boîte d'éclairage, etc.), et l'on veille à ne pas constituer des piles trop élevées dans lesquelles les étuis placés dans les couches inférieures reçoivent des pressions anormales (2) et sont mal aérés.

Si l'on constatait, au cours des visites du matériel, que les instruments moisissent et se détériorent, il serait nécessaire de chercher des locaux plus appropriés. Les moisissures sur les instruments ou les étuis seraient enlevées avec des chiffons, et le matériel serait placé à sécher pendant plusieurs heures dans un endroit très aéré, en évitant l'insolation directe.

Si l'on est amené dans certains magasins à rassembler des quantités importantes de celluloïd sous forme de rapporteurs divers, des précautions spéciales devront être prises contre les risques d'incendie et les dangers de propagation d'incendie.

b) Matériel en magasin dans les corps de troupe.

Ce matériel est conservé, en principe, dans les conditions indiquées ci-dessus dans des locaux très secs et fermant à clef en vue d'éviter les vols.

S'il est impossible de trouver des locaux secs (3), les instruments sont retirés de leurs étuis et montés de préférence sur leurs pieds; on ménage une ventilation convenable et on laisse

---

(1) C'est-à-dire qu'on évitera les hangars et qu'on recherchera des locaux présentant les caractères des *locaux d'habitation*.

(2) A titre d'indication, un étui contenant une longue-vue monoculaire ou binoculaire ne devra pas supporter plus de 2 étuis similaires ou une charge supérieure à la charge correspondante; un étui contenant un goniomètre-boussole ne devra pas supporter plus de 3 étuis similaires. Il ne devra pas être mis plus de 5 rangs de périscopes reposant l'un sur l'autre. Les étuis en cuir des longues-vues binoculaires ne doivent pas être retournés et placés debout sur le couvercle, le poids de la longue-vue risquant alors de briser les verres jaunes fixés au couvercle.

(3) Unités casernées dans des casemates ou des ouvrages fortifiés.

la lumière du jour pénétrer dans les objectifs (toujours en évitant l'insolation directe). Les sacs et étuis sont conservés à part dans le même local. Des précautions sont alors prises pour protéger les instruments contre les chocs et pour éviter la poussière; des nettoyages plus fréquents sont nécessaires.

c) Examen périodique.

Le matériel en magasin est examiné périodiquement, conformément aux prescriptions de la présente instruction (article 22).

CHAPITRE III.

PRESCRIPTIONS A OBSERVER DANS LE TRANSPORT DU MATÉRIEL.

Les instruments sont toujours transportés *dans leurs étuis* lorsque ces étuis sont prévus (1).

Les instruments doivent être placés correctement dans les étuis (2). Les boîtes de théodolite doivent toujours être transportées la poignée en haut, sans que la boîte soit couchée ni renversée (3). Les étuis doivent être calés dans les caisses ou dans les coffres en évitant l'interposition de toutes matières susceptibles de devenir un *réservoir d'humidité ou de poussières.*

Par exemple, dans les mouvements de matériel entre les dépôts et les parcs, les caisses d'emballage ne doivent pas renfermer de paille, de foin, de copeaux de bois. Le calage est avantageusement assuré par des tasseaux en bois cloués sur les parois.

On évite de laisser séjourner les caisses sous la pluie et toutes les expéditions seront faites en wagons couverts.

---

(1) Sans interposition d'aucune matière étrangère.

(2) Par exemple, le théodolite doit être placé dans sa caisse en se conformant exactement à la notice affichée à l'intérieur.

(3) Si le théodolite était transporté couché, sous l'influence de chocs et de trépidations violentes, les montants-supports du cercle vertical pourraient être faussés par inertie sous la poussée du cercle vertical.

CHAPITRE IV.

PRESCRIPTIONS GÉNÉRALES D'ENTRETIEN DU MATÉRIEL.

a) Graissage.

D'une façon générale, *aucun instrument ne doit être graissé et, en particulier, il faut éviter soigneusement de toucher les verres avec des chiffons gras* (ainsi d'ailleurs qu'avec les doigts).

Les seules pièces qu'il convient de lubrifier sont :

1° Les tiges de goniomètre support de longue-vues et les tiges de trépied, qui sont en acier et doivent être huilées toutes les fois qu'il sera reconnu nécessaire. Si ces tiges étaient légèrement oxydées, il conviendrait d'en tenter le dérouillage à l'aide de pétrole et d'huile. En cas d'oxydation trop importante empêchant le montage correct des instruments, l'envoi en réparation serait nécessaire.

2° Le tube vertical coulissant du pied du goniomètre-boussole qui doit être passé au chiffon gras.

3° Les rotules des trépieds qui en comportent et qui peuvent, en cas de besoin, recevoir une goutte d'huile fine (ne mettre aucun excès d'huile).

4° Les rubans d'acier des décamètres à ruban d'acier qui seront avantageusement passés au chiffon gras; les fils d'acier en câble toronné sont galvanisés et ne nécessitent aucun entretien.

b) Nettoyage des surfaces extérieures des verres.

Lorsque les surfaces *extérieures* des verres sont tachées de poussières ou de graviers, il convient de faire tomber au préalable ces poussières, soit en soufflant dessus, soit en les époussetant très légèrement avec un chiffon léger et propre, soit, mieux encore, en utilisant à cet effet un pinceau à poils souples ou une feuille de papier à cigarette roulée.

La surface est ensuite essuyée doucement avec un linge blanc fin, mou, pelucheux et très propre (ou une peau de chamois très douce). Ne jamais employer directement les doigts, qui sont toujours gras, ni un chiffon de drap.

Si les surfaces extérieures des verres sont grasses, on les nettoiera avantageusement avec un linge fin légèrement imbibé d'alcool.

Pour atteindre des surfaces non accessibles à un linge tenu dans les doigts, on ne devra jamais monter un chiffon sur une tige métallique susceptible de rayer les verres, mais le monter sur une baguette de bois bien propre.

c) Nettoyage extérieur.

Les instruments ne doivent jamais être rangés dans leur étui lorsqu'ils sont mouillés ou recouverts de poussières. Ils doivent être au préalable asséchés ou époussetés et essuyés très soigneusement avec des chiffons propres et non graisseux.

Ce nettoyage extérieur s'impose lorsqu'une couche de poussière s'est déposée sur les instruments stockés.

d) Entretien des cuirs (courroies, bretelles et étuis).

Il est nécessaire d'entretenir régulièrement toutes les pièces en cuir, de façon à éviter que le cuir ne se dessèche et ne devienne cassant, tout particulièrement les courroies servant au transport, les attaches des courroies aux étuis et les parties qui constituent la charnière du couvercle des étuis.

On utilise du suif de mouton, qui est étendu sur les deux faces (1) du cuir avec une brosse, en insistant pour faire pénétrer le corps gras à l'intérieur du cuir. La quantité de suif employée doit être très faible, et on termine *en frottant le cuir avec un chiffon*. Une fois l'opération terminée, *il ne doit rester aucune trace de graisse* susceptible de tacher les vêtements ou de nuire aux bonnes qualités de l'instrument.

CHAPITRE V.

DÉMONTAGES INTERDITS ET DÉMONTAGES AUTORISÉS EN VUE DU NETTOYAGE INTÉRIEUR.

a) Prescriptions générales.

Sauf exception nettement spécifiée, tout démontage d'instruments d'optique en vue du nettoyage des verres intérieurs est rigoureusement interdit dans les corps de troupe et dans les parcs (article 8 de la présente instruction).

(1) Partout où ces deux faces sont accessibles. Ne pas graisser l'intérieur des étuis.

Les officiers veillent tout particulièrement à interdire tout essai de dévissage des objectifs et des oculaires, opération qui a immanquablement pour effet de détruire l'étanchéité de l'instrument, de le dérégler et d'aggraver les dégradations qu'il pourrait déjà présenter.

Exceptionnellement, les corps de troupe et les parcs peuvent entreprendre (si les circonstances s'y prêtent, *et sous la surveillance d'un officier spécialisé*) le démontage et le nettoyage des jumelles Galilée (1), ainsi que de certains périscopes de tranchée indiqués au paragraphe *b*) ci-après. Dans ces derniers instruments, en effet, l'étanchéité n'est pas assurée lors de la construction, et le nettoyage qui a été prévu par le constructeur demande simplement de la méthode et de l'adresse.

Pour ces démontages, on doit opérer dans un local propre et loin des poussières, prendre beaucoup de soin pour ne pas détériorer les pas de vis et faire la plus extrême attention à remonter chaque lentille à la place qu'elle occupait et *sans la retourner.* Les faces de chaque lentille sont nettoyées ainsi qu'il a été indiqué plus haut pour les faces externes. Le corps de l'instrument est lui-même débarrassé de poussière ou de corps étrangers avant le remontage (2).

b) Prescriptions particulières au nettoyage des périscopes pour lesquels le démontage est autorisé.

Périscopes à miroirs simples. — Le nettoyage se fait par les fenêtres objectif et oculaire.

Périscopes Carvallo à vision arrière. — Le miroir objectif peut être nettoyé par la fenêtre objectif, et le miroir oculaire par l'extrémité supérieure du tube oculaire. Pour nettoyer les autres lentilles, les retirer de leurs tubes où elles sont fixées à frottement doux. Bien replacer les tubes à leur position primitive en tenant compte des repères placés.

Périscopes Carvallo à vision avant. — On peut dévisser le

---

(1) Les jumelles de Galilée de la marque Lemaire, reconnaissables à ce que chaque oculaire y possède une mise au point indépendante ne doivent pas être démontées, comme les jumelles à prismes, car elles sont construites avec les mêmes précautions que ces dernières.

(2) En nettoyant les théodolites, il ne doit pas être touché aux fils d'araignée du micromètre qui sont d'une fragilité extrême. Si on dévisse l'objectif d'un théodolite Jobin, on se rappellera que cette opération modifie son réglage.

bec de cane oculaire pour atteindre et nettoyer l'extérieur de la grande lentille oculaire.

Dans les périscopes B et *b*, on peut aussi démonter le tube supérieur.

Périscope Carvallo pour auto-mitrailleuses. — Seul est autorisé le démontage de l'oculaire en dévissant les trois vis voisines du bouton moleté.

c) POUR TOUS LES AUTRES PÉRISCOPES, LE DÉMONTAGE EST FORMELLEMENT INTERDIT.

CHAPITRE VI.

PRESCRIPTIONS PARTICULIÈRES RELATIVES AU REMPLACEMENT DU PAPIER DES PLANCHETTES TOPOGRAPHIQUES ET DES PLANCHETTES DE TIR ET A LEUR QUADRILLAGE.

En temps de paix, le remplacement du papier des planchettes topographiques et des planchettes de tir, ainsi que leur quadrillage, sont assurés par les parcs d'artillerie.

En temps de guerre, ces opérations seront effectuées par les groupes de canevas de tir aux armées, par voie d'échange de planchettes usagées contre des planchettes remises à neuf; le papier nécessaire est du papier Canson ou Whatmann. La colle à utiliser peut être à volonté de la colle forte, de la colle de poisson, de la gomme arabique. La colle n'est étendue que sur le bord des planchettes, sur une largeur de 1 centimètre environ. La planchette doit être au préalable débarrassée du papier hors service, et sa surface doit être grattée et nettoyée. Le bord des planchettes de zinc sera avantageusement décapé avec un peu d'acide chlorhydrique.

Le papier à utiliser, préalablement coupé un peu plus grand que la planchette, est mis à plat sur une table et est mouillé, sauf sur les bords, avec une éponge propre de façon à le dilater.

Le papier est posé ensuite sur la planchette qui a été enduite de colle sur les bords (1) et est pressé de façon à ce qu'il ne fasse aucun pli. Le papier se tend en séchant; on le coupe, une fois sec, à l'aide d'un bon canif, exactement à la dimension de la planchette, sans rabattre aucun liseré sur les bords de celle-ci.

---

(1) Si on utilise la gomme arabique, la laisser s'épaissir avant de présenter le papier.

Pour le quadrillage, on utilise une règle graduée de précision et un compas à rallonge (ou un compas à verge). Une première ligne médiane est tracée au tire-ligne et à l'encre de Chine, parallèle sensiblement au grand côté de la planchette et passant au centre de celle-ci. Une perpendiculaire en son milieu est tracée uniquement à l'aide du compas (avec des arcs de cercle du rayon maximum utilisable) à l'exclusion de toute équerre.

Des parallèles à ces deux droites sont tracées ensuite à l'intervalle désiré en utilisant la règle et le compas.

Nota. — Les planchettes topographiques ne s'ajustent pas indifféremment sur tous les pieds de planchette. Il a été construit deux dimensions de tête de boulon à ergot et deux dimensions correspondantes de la plaque de dessous de la planchette. Il conviendra de tenir compte de cette particularité dans les demandes de remplacement.

ANNEXE IV.

RÉPARATIONS DES TÉLÉMÈTRES.

Quelle que soit l'importance présumée de la réparation, les télémètres devront toujours être envoyés au complet avec la caisse d'emmagasinage, l'étui, le pied et tous les accessoires.

Les télémètres réparés seront toujours renvoyés aux corps complétés et les accessoires (pieds, étuis, peau de chamois, linge fin, etc.) manquant lors de la réception au P. A. A. de Saint-Denis seront facturés et imputés aux corps.

Toutes les demandes de réparation ou de recomplètement devront mentionner :

Le genre de télémètre (Barr et Stroud, ou Bausch et Lomb);

Le modèle (1909 ou 1912);

Les dimensions ($0^m,66$, de $0^m,80$ ou 1 mètre);

Le caractéristique de l'arme (AC, AM, C, I);

Le numéro matricule.

Toutes ces indications sont gravées sur une petite plaque sous les oculaires.

Les désignations seront les suivantes :

A. — Télémètre modèle 1909 ($0^m,80$ et $0^m,66$).

Télémètre dans son étui muni de sa mire marquée au numéro du télémètre.

Caisse de magasinage.

Pied de télémètre.

Tête de pied.

Linges blancs.

Peau de chamois.

Œillère de rechange modèle 1909.

Tournevis pour le réglage horizontal.

Auvents.

Bretelle de télémètre.

Cadenas de cadres et sa clef.

Clef de serrure de caisse.

B. — Télémètre modèle 1912 (0m,80 et 0m,66).

Télémètre dans son étui muni de sa mire marquée au numéro du télémètre.

Caisse de magasinage.
Pied modèle 1912.
Etui de pied.
Linges blancs.
Peau de chamois.
Œillère de rechange modèle 1912.
Bretelle de télémètre.
Cadenas de caisse et sa clef.
Clef de serrure de caisse.

C. — Télémètre modèle 1909 ou 1912 (1 mètre).

Télémètre dans son étui muni de sa mire marquée au numéro du télémètre.

Pied de télémètre de 1 mètre.
Etui de pied.
Théodolite.
Etui de théodolite.
Linges blancs.
Peau de chamois.

ᵉ CORPS D'ARMÉE

—

PLACE DE

—

ᵉ RÉGIMENT DE

—

Visite du matériel d'optique et de topographie.

MODÈLE I.

Articles 44 et 45 de l'instruction générale sur le matériel d'optique et de topographie.

FORMAT 0ᵐ, 36 × 0ᵐ, 23.

PROCÈS-VERBAL de la visite du matériel d'optique et de topographie.

L'an mil neuf cent, le , et jours suivants, conformément à la dépêche ministérielle n° , du , l'officier inspecteur à titre permanent du matériel d'optique et de topographie, en présence des commandants d'unités et de l'officier du corps spécialisé en ce matériel, a passé la visite des instruments et du matériel accessoire.

Cette visite a donné lieu aux observations ci-après :

A. — Entretien et conservation du matériel en service.

a) *Instruments en service.*

b) *Matériel accessoire en service.*

B. — Conservation et entretien du matériel en magasin.

a) *Instruments en magasin.*

b) *Matériel accessoire en magasin.*

c) *Conditions des magasins et de l'emmagasinement*

C. — Avis sur l'instruction du personnel spécialisé en ce qui concerne l'entretien et les visites détaillées du matériel d'optique et de topographie.

D. — Constatations concernant :

1° L'exécution des remplacements et des réparations.

2° Les délais nécessités par ces opérations.

A , le , 19

L'Officier inspecteur du matériel d'optique et de topographie.

Observations du chef de corps :

e CORPS D'ARMÉE

—

PLACE DE

—

e RÉGIMENT DE

—

Visite du matériel d'optique et de topographie.

Articles 38 et 39 de l'instruction générale sur le matériel d'optique et de topographie.

FORMAT 0m, 36 × 0m, 23.

MODÈLE II.

ÉTAT du matériel à envoyer au parc annexe de Saint-Denis pour échange et pour réparation.

UNITÉ ou SERVICE.	DÉSIGNATION DU MATÉRIEL		MOTIF de L'ENVOI (1).	PROPOSITION pour L'IMPUTATION de la réparation (2).	OBSERVATIONS.
	ESPÈCE et modèle.	MARQUES ET N° de nomenclature.			

(1) Réparation envisagée, ou réforme.
(2) Imputation au corps ou à l'Etat.

Le nombre total d'instruments figurant sur le présent état est de........

A , le 19

Le Chef de corps :

L'Officier inspecteur du matériel d'optique et de topographie.

MINISTÈRE
DE LA GUERRE.

—

3e DIRECTION.

—

2e BUREAU.

—

A transmettre au ministre dans les 20 premiers jours d'avril et du mois d'octobre.

Article 4 de l'instruction sur le matériel d'optique et de topographie.

FORMAT 0m, 36 × 0m, 23.

MODÈLE III.

Confidentiel.

CORPS {

SITUATION du matériel d'optique, d'observation, de topographie et de préparation de tir, à la date du

DÉSIGNATION DES INSTRUMENTS (1).	RÉSERVE DE GUERRE.			INSTRUCTION.			OBSERVATIONS.
	Nécessaires.	Existant.	Excédents ou déficits (2).	NÉCESSAIRES.	EXISTANTS.	EXCÉDENTS ou déficits (2).	
							(1) Enumérer les instruments dans l'ordre de l'annexe I à la présente instruction. (2) Employer l'encre rouge pour les déficits.

DÉSIGNATION DES INSTRUMENTS (1).	RÉSERVE DE GUERRE.			INSTRUCTION.			OBSERVATIONS.
	Nécessaires.	Existants.	Excédents ou déficits (2).	NÉCESSAIRES.	EXISTANTS.	EXCÉDENTS ou déficits (2).	

Certifié par nous,
Membres du Conseil d'administration.

A , le 192 .

TABLE DES MATIÈRES

TITRE Ier.

CHAPITRE PREMIER.

CHAPITRE II.

CHAPITRE III.

TITRE II.

CONSERVATION DU MATÉRIEL D'OPTIQUE ET DE TOPOGRAPHIE

CHAPITRE PREMIER.

CHAPITRE II.

Entretien du matériel d'optique et de topographie.

A. — Dispositions générales.

TITRE III.

INSPECTION DU MATÉRIEL D'OPTIQUE ET DE TOPOGRAPHIE

CHAPITRE PREMIER.

Prescriptions générales.

CHAPITRE II.

Détails des opérations relatives à la visite du matériel d'optique et de topographie par les officiers inspecteurs.

A. — Dispositions communes.

B. — Détails des opérations relatives a la visite du matériel en service dans les corps de troupe.

C. — Détails des opérations de visite par l'officier inspecteur du matériel en magasin.

D. — Procès-verbal de visite du matériel.

CHAPITRE III.

Travail d'inspection du matériel d'optique et de topographie.

ANNEXES A LA PRÉSENTE INSTRUCTION.

ANNEXE I.

ANNEXE II.

DOCUMENTATION.

ANNEXE III.

ANNEXE IV.

MODÈLES.

MODÈLE I.

MODÈLE II.

MODÈLE III.

TABLE CHRONOLOGIQUE

TABLE ALPHABÉTIQUE

CHARLES-LAVAUZELLE ET Cie. — PARIS, LIMOGES, NANCY. — 1926.

Imprimerie militaire
CHARLES-LAVAUZELLE & Cie
PARIS, LIMOGES, NANCY

www.ingramcontent.com/pod-product-compliance
Ingram Content Group UK Ltd.
Pitfield, Milton Keynes, MK11 3LW, UK
UKHW020428180726
13839UKWH00003B/1400

9 782329 080352